LES SUCCESSEURS D'A^se DUVERGIER

PIGUET & Cie

LYON

MOULIN A BLÉ

DE

MM. VACHON Père, Fils & Cie A LYON

ESSAI
SUR LES MACHINES MOTRICES

DE

A^se DUVERGIER

Le 26 Février 1877

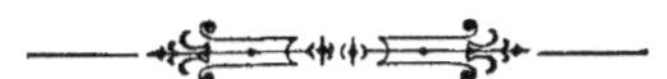

LYON

IMPRIMERIE DE A. STORCK

Rue de l'Hôtel-de-Ville, 78

—

1891

CONDITIONS DE LA CHAUDIÈRE A DEUX FOYERS
FOURNISSANT LA VAPEUR PENDANT LES EXPERIENCES

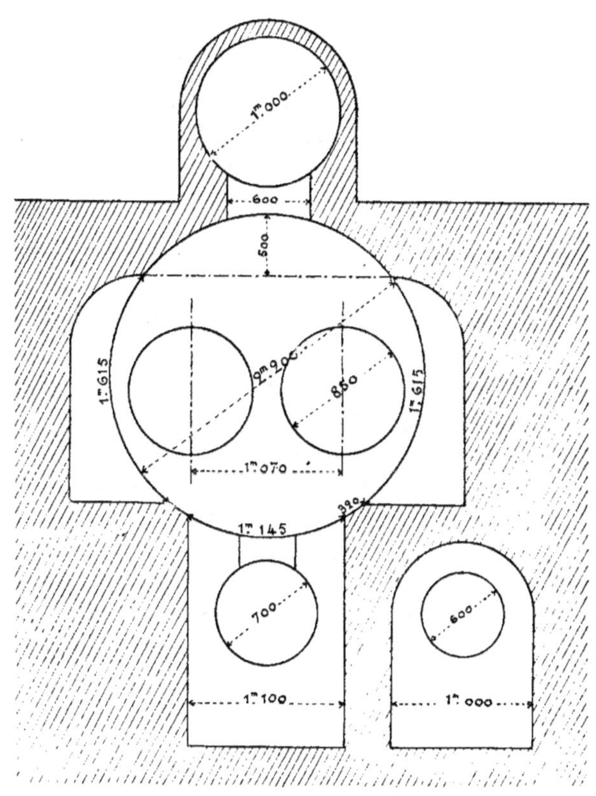

Longueur du corps de la chaudière...................... 10^m,000
Longueur des bouilleurs............................... 11^m,200
Longueur du réservoir de vapeur....................... 7^m, 800
Longueur du corps de chaudière en contact avec les gaz.. 9^m, 670
Longueur des bouilleurs en contact avec les gaz.......... 10^m, 120
Longueur des grilles, sans plaque morte................. 1^m, 820
Longueur chauffée des foyers, déduction faite des cendriers. 9^m, 000
Timbre... 6^k. »
Les soupapes de sûreté lèvent à la pression de........... 5^k, 750
Une vérification postérieure a démontré que le manomètre de la
chaudière marquait 0 kil. 400 grammes en plus de la pression vraie.
Surfaces des grilles : 1 m. 820 $\times$ 0,85 $\times$ 2 = ... 3^{m2},0940

CAPACITÉ DE LA CHAUDIÈRE

Volume du corps................. 3^{m2} 8013 $\times$ 10^m........ 38^{m3} 013
A déduire les deux foyers....... $0^{m2}56745 \times 10 \times 2$..... 11 349

Volume réel du corps....................................... 26^{m3} 664
Réservoir de vapeur.............. 0^{m2} 7854 $\times$ 7^m 80.... 6 126
Premier bouilleur................. 0^{m2} 384845 $\times$ 11^m20.. 4 310
Deuxième bouilleur.............. 0^{m2} 282743 $\times$ 11^m20.. 3 166

Capacité totale... 40^{m3} 266

SURFACE DE CHAUFFE

Surface directe des deux foyers 2 m. 670 $\times$ 9 m, $\times 2$..... 48^{m2} 06
Surface chauffée par le premier retour 1 m, 615 $\times$ 9.67 $\times$ 2 31^{m2} 23
Surface chauffée par le troisième parcours des gaz :
     1° Sous la chaudière 1 m. 145 $\times$ 9.67........... 11^{m2} 07
     2° Premier bouilleur 2 m. 199 $\times$ 10.12......... 22^{m2} 25
Surface chauffée par le deuxième retour ou quatrième
    parcours des gaz :
     Le deuxième bouilleur 1 m. 885 $\times$ 10 m. 12.... 19^{m2} 07

Surface de chauffe totale................................. 131^{m2} 68

TUYAUX CONDUISANT LA VAPEUR DEPUIS LA CHAUDIÈRE
JUSQU'AUX CYLINDRES DES MACHINES

Longueur développée de ceux ayant 150 mill. de diam. int. 4^m 970
    id.   id.   135 mill.   id. 37^m 275

Longueur totale développée........................... 42^m 245
Ces tuyaux, en cuivre rouge, étaient enveloppés sur toute leur longueur avec du feutre. Longueur de tuyaux de 135 millim. de
diamètre qui, pendant toute la durée des expériences, a été enveloppée de feutre mouillé par l'eau servant à l'arrosage du
frein.. 2^m 645

OBSERVATIONS PRISES VERS LE GÉNÉRATEUR

I^{RE} MOITIÉ DE L'ESSAI AVEC LE CHAUFFEUR PICHOT

HEURES	Charge des deux feux	EAU introduite dans la chaudière — Volume	EAU introduite dans la chaudière — Température	Poids du charbon versé devant le tisart	Pression effective dans la chaudière	Niveau d'eau de la chaudière au-dessus de la bague	Hauteur de levée du registre	Dépression dans la cheminée en hauteur d'eau	Décrassage des Feux — Foyer à gauche	Décrassage des Feux — Foyer à droite	Poids des Cendres	OBSERVATIONS
6h00	· · ·	· · ·	· · ·	60k	5k,20	68m/m	0m16	21m/m	· · ·	· · ·	· · ·	
» 12	1	· · ·	· · ·	· · ·	· · ·	· · ·	· · ·	· · ·	· · ·	· · ·	· · ·	A 6 h. matin, le décrassage des 2 foyers était terminé.
» 13	· · ·	· · ·	· · ·	· · ·	· · ·	· · ·	0 10	· · ·	· · ·	· · ·	· · ·	
» 14	1	500li.	180	· · ·	5,35	· · ·	· · ·	· · ·	· · ·	· · ·	· · ·	
» 19	1	· · ·	· · ·	· · ·	· · ·	· · ·	· · ·	· · ·	· · ·	· · ·	· · ·	—
» 21	· · ·	· · ·	· · ·	· · ·	· · ·	· · ·	0 08	· · ·	· · ·	· · ·	· · ·	
» 26	1	· · ·	· · ·	· · ·	5,30	· · ·	· · ·	· · ·	· · ·	· · ·	· · ·	A 7 h. matin, commencement de l'expérience. On constate le bon état des feux et la hauteur du charbon sur la grille.
» 30	· · ·	· · ·	· · ·	· · ·	5,20	· · ·	· · ·	· · ·	· · ·	· · ·	· · ·	
» 33	1	· · ·	· · ·	· · ·	· · ·	· · ·	· · ·	· · ·	· · ·	· · ·	· · ·	
» 35	· · ·	1100	190	60	· · ·	· · ·	0 15	· · ·	· · ·	· · ·	· · ·	
» 39	1	· · ·	· · ·	· · ·	· · ·	· · ·	0 10	· · ·	· · ·	· · ·	· · ·	
» 45	· · ·	· · ·	· · ·	· · ·	5,50	· · ·	· · ·	· · ·	· · ·	· · ·	· · ·	
» 48	1	· · ·	· · ·	· · ·	· · ·	· · ·	· · ·	· · ·	· · ·	· · ·	· · ·	
» 59	1	· · ·	· · ·	· · ·	· · ·	· · ·	· · ·	· · ·	· · ·	· · ·	· · ·	—
8,00	· · ·	· · ·	· · ·	· · ·	5,60	· · ·	· · ·	21m/m	· · ·	· · ·	· · ·	A 7 h. 25, on constate que le purgeur de la machine de droite ne fonctionne pas, on le répare et le met en route à 8 h. 5 minutes.
» 7	1	· · ·	· · ·	(60)	· · ·	· · ·	· · ·	· · ·	· · ·	· · ·	· · ·	
» 8	· · ·	1600	2105	· · ·	· · ·	· · ·	· · ·	· · ·	· · ·	· · ·	· · ·	
» 13	1	· · ·	· · ·	· · ·	· · ·	· · ·	· · ·	· · ·	· · ·	· · ·	· · ·	
» 15	· · ·	· · ·	· · ·	· · ·	5,30	· · ·	· · ·	· · ·	· · ·	· · ·	· · ·	
» 17	· · ·	2000	220	· · ·	· · ·	· · ·	· · ·	· · ·	· · ·	· · ·	· · ·	
» 18	1	· · ·	· · ·	· · ·	· · ·	· · ·	· · ·	· · ·	· · ·	· · ·	· · ·	
» 22	1	· · ·	· · ·	· · ·	· · ·	· · ·	· · ·	· · ·	· · ·	· · ·	· · ·	—
» 30	1	· · ·	· · ·	60	5,30	· · ·	· · ·	· · ·	· · ·	· · ·	· · ·	Depuis 7 h. du matin on recueille l'eau perdue par la garniture de la pompe alimentant la chaudière.
» 36	1	· · ·	· · ·	· · ·	· · ·	· · ·	· · ·	· · ·	· · ·	· · ·	· · ·	
» 43	1	· · ·	· · ·	· · ·	· · ·	· · ·	· · ·	· · ·	· · ·	· · ·	· · ·	
» 44	· · ·	2500	2305	· · ·	· · ·	· · ·	· · ·	· · ·	· · ·	· · ·	· · ·	
» 45	· · ·	· · ·	· · ·	· · ·	5,25	· · ·	· · ·	· · ·	· · ·	· · ·	· · ·	
» 48	1	· · ·	· · ·	· · ·	· · ·	· · ·	· · ·	· · ·	· · ·	· · ·	· · ·	
» 52	1	· · ·	· · ·	(60)	· · ·	· · ·	· · ·	· · ·	· · ·	· · ·	· · ·	—
» 59	1	· · ·	· · ·	· · ·	· · ·	· · ·	· · ·	· · ·	· · ·	· · ·	· · ·	
9h00	· · ·	3000	2305	· · ·	5,30	· · ·	· · ·	21 m/m	· · ·	· · ·	· · ·	Les pressions indiquées dans la 6ᵉ colonne sont les vraies ; déduction a été faite des 400 gr. dont avance le manomètre de la chaudière.
» 4	1	· · ·	· · ·	· · ·	· · ·	· · ·	· · ·	· · ·	· · ·	· · ·	· · ·	
» 8	1	· · ·	· · ·	· · ·	· · ·	· · ·	· · ·	· · ·	· · ·	· · ·	· · ·	
» 13	1	· · ·	· · ·	60	· · ·	· · ·	· · ·	· · ·	· · ·	· · ·	· · ·	
» 15	· · ·	· · ·	· · ·	· · ·	5,30	· · ·	· · ·	· · ·	· · ·	· · ·	· · ·	
» 16	1	· · ·	· · ·	· · ·	· · ·	· · ·	· · ·	· · ·	· · ·	· · ·	· · ·	
» 20	1	· · ·	· · ·	· · ·	· · ·	· · ·	· · ·	· · ·	· · ·	· · ·	· · ·	
» 25	1	· · ·	· · ·	· · ·	· · ·	· · ·	· · ·	· · ·	· · ·	· · ·	· · ·	
» 28	· · ·	3500	230	· · ·	· · ·	· · ·	· · ·	· · ·	· · ·	· · ·	· · ·	

Nota. — La pompe alimentaire aspire dans 2 bâches jaugées et graduées que l'on remplit alternativement à l'aide d'un petit-cheval.

Suite des

OBSERVATIONS PRISES VERS LE GÉNÉRATEUR

1RE MOITIÉ DE L'ESSAI AVEC LE CHAUFFEUR PICHOT

HEURES	Charge des deux feux	EAU introduite dans la chaudière — Volume	EAU introduite dans la chaudière — Température	Poids du charbon versé devant le tisart	Pression effective dans la chaudière	Niveau d'eau de la chaudière au-dessus de la bague	Hauteur de levée du registre	Dépression dans la cheminée en hauteur d'eau	Décrassage des Feux — Foyer à gauche	Décrassage des Feux — Foyer à droite	Poids des cendres	OBSERVATIONS
9 30	1	...	...	...	5K,40	...	...	...	...	...	...	A 10 h 35, on pèse 6 kilog. 850 d'eau perdue par la pompe alimentaire, depuis le commencement de l'essai. A midi on en pèse encore 3 kilog. 27. — A midi, les feux n'ont pas besoin d'être décrassés et sont reconnus aussi garnis qu'à 7 h. du matin. — Pression moyenne effective 5 kil. 350. Nombre de charges des deux foyers 54. — Eau introduite dans la chaudière déduction faite des pertes de la pompe, ci : 6750 l. — (6,85 + 3,27) = 6739 lit. 88. Temperature moyenne 23°66 — Charbon brûlé. 60 kil. × 13 = 780 k.
» 34	1	...	...	60K	...	...	...	...	...	...	...	
» 39	1	...	...	...	...	...	...	...	...	...	...	
» 45	1	...	...	...	5,50	...	...	...	...	...	...	
» 52	1	...	...	...	...	...	...	...	...	...	...	
» 55	1	4000l.	23°	60	...	...	...	...	...	...	...	
» 59	1	...	...	...	...	...	...	...	...	...	...	
10 »	...	...	...	...	5,35	...	...	21 m/m	...	...	...	
» 8	1	...	...	...	...	...	...	...	...	...	...	
» 11	1	...	...	...	...	...	...	...	...	...	...	
» 15	1	4500	25°	...	5,35	...	...	...	...	...	...	
» 21	1	...	...	60	...	...	...	...	...	...	...	
» 25	1	...	...	...	...	...	...	...	...	...	...	
» 28	1	...	...	...	...	...	...	...	...	...	...	
» 30	...	...	...	...	5,35	...	...	...	...	...	...	
» 32	1	...	...	...	...	...	...	...	...	...	...	
» 36	1	...	...	...	...	...	...	...	...	...	...	
» 38	...	5000	25°	...	...	...	...	...	...	...	...	
» 40	1	...	...	60	...	...	...	...	...	...	...	
» 44	1	...	...	...	...	...	...	...	...	...	...	
» 45	...	...	...	...	5,30	...	...	...	...	...	...	
» 48	1	...	...	...	...	...	...	...	...	...	...	
» 51	1	...	...	...	...	...	...	...	...	...	...	
» 53	...	5300	28°	...	...	...	...	...	...	...	...	
» 54	1	...	...	...	...	...	...	...	...	...	...	
11 »	...	5500	28°	...	5,40	...	...	20 m/m	...	...	...	
» 2	1	...	...	60	...	...	...	...	...	...	...	
» 6	1	...	...	...	...	...	...	...	...	...	...	
» 11	1	...	...	...	...	...	...	...	...	...	...	
» 16	1	...	...	...	...	...	...	...	...	...	...	
» 21	1	...	...	60	...	...	...	...	...	...	...	
» 28	...	6000	28°	...	...	...	...	...	...	...	...	
» 34	1	...	...	...	...	...	...	...	...	...	...	
» 39	1	...	...	...	...	...	...	...	...	...	...	
» 48	1	...	...	60	...	...	...	...	...	...	...	
» 50	...	6500	27°	...	...	...	...	...	...	...	...	
» 54	1	...	...	...	...	...	...	...	...	...	...	
12 »	1	6750	27°	...	5,40	71 m/m	...	21 m/m	Pas de décrassage		Pas pesé	

NOTA. — La pompe alimentaire aspire dans deux baches jaugées et graduées que l'on remplit alternativement à l'aide d'un petit-cheval.

Suite des

OBSERVATIONS PRISES VERS LE GÉNÉRATEUR

2e MOITIÉ DE L'ESSAI AVEC LE CHAUFFEUR GAILLARD

HEURES	Charge des deux feux	EAU introduite dans la chaudière		Poids du charbon versé devant le tisard	Pression effective dans la chaudière	Niveau d'eau de la chaudière au-dessus de la bague	Hauteur de levée du registre	Dépression dans la cheminée en hauteur d'eau	Décrassage des Feux		Poids des cendres	OBSERVATIONS
		Volume	Température						Foyer à gauche	Foyer à droite		
12h»	…	6750,1	27°	60K	5K,40	71 m/m	0m10	21 m/m				Depuis I heure soir, on constate que le combustible devenant moins bon, produit des cendres plus grises et contenant davantage de scories.
» 5'	1											
» 10	1											
» 11	…	7000	27°									
» 15	1				5,50							
» 21	1											
» 25	1			60								
» 30	…	7600	26°		5,00							
» 31	1											—
» 36	1											Même observation que ci-avant pour les pressions indiquées.
» 42	1											
» 45	1			60	5,15							
» 53	1											
» 56	1											
1,00	…	8000	25°		5,40			21 m/m				
» 2												
» 7	1											
» 12	1											
» 15	1			60	5,10							
» 18	…	8500	28°									
» 24	1											
» 30	…				5,35							
» 38	1			60								
» 42	1											
» 45	…				5,20							
» 49	1											
» 51	1	9000	18°									
2,00	…			60	5,30			21 m/m				
» 1	1											
» 7	1											
» 14	1											
» 15	…	9700	16°		5,35							
» 18	1											

DIAGRAMME DES PRESSIONS
DONNÉ PAR LE MANOMÈTRE

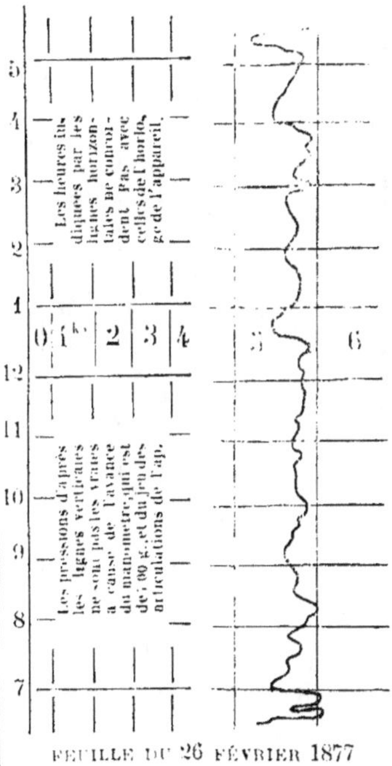

FEUILLE DU 26 FÉVRIER 1877

Nota. — Les différences de température de l'eau d'alimentation proviennent des irrégularités de marche du petit-cheval, auquel il a fallu suppléer, plus ou moins, par la deuxième pompe alimentaire des machines, laquelle aspirait et refoulait l'eau de condensation, tandis que le petit-cheval s'alimentait au puits.

Suite des

OBSERVATIONS PRISES VERS LE GÉNÉRATEUR

2ᵉ MOITIÉ DE L'ESSAI AVEC LE CHAUFFEUR GAILLARD

Heures	Charge des deux feux	Eau introduite dans la chaudière — Volume (litres)	Eau introduite — Température	Poids du charbon versé devant le tisard	Pression effective dans la chaudière	Niveau d'eau de la chaudière au-dessus de la bague	Hauteur de levée du registre	Dépression dans la cheminée en hauteur d'eau	Décrassage des Feux — Foyer à gauche	Décrassage des Feux — Foyer à droite	Poids des cendres	Observations
2 26	1			60k								A 2 h 30, on mesure la température de l'eau sortant des pompes à air on trouve 29°.
» 28		10000	16°									
» 30	1				5k,25							
» 38	1											
» 41	1			60			0m12					
» 45	1				5,35							A 5 h. du soir, fin de l'expérience on pèse 13 k. 400 d'eau perdue par la pompe alimentaire depuis 10 h. 35 du matin.
» 51	1				5,60					En une seule fois		
» 59	1			60								
3,00					5,20			20 m/m				
» 7	1											
» 12	1			60								
» 15					5,40							A la même heure on constate que les feux sont aussi propres et aussi garnis qu'à 7 h du matin, et que la pression et le niveau d'eau sont plus élevés qu'au début de l'essai.
» 19	1											
» 22		1100,0	16°									
» 25	1											
» 30	1			60	5,50							
» 36	1											
» 40	1				5,60				En une seule fois			
» 45	1				5,20							
» 49	1			60			0,10					
» 53	1											
» 54		12000	16°									
4,00	1				4,95			21 m/m				Pression moyenne effective 5 k. 320.
» 5	1											
» 9	1			60								Nombre de charge des deux foyers 50.
» 15	1				5,20							
» 22	1											
» 30	1	12500	16°		5,35							Eau introduite dans la chaudière déduction faite des pertes de la pompe : 13082 lit. — (6750 + 13 40 — 3 27) = 6 321 litres 87.
» 41	1			60								
» 45					5,35							Température moyenne : 19°05
» 49	1											
» 53		13500	16°								Total 239k	Charbon brûlé : 60 k × 14 = 810 k
5,04	1	13082	16°		5,35	73 m/m						

Nota. — Les différences de température de l'eau d'alimentation proviennent des irrégularités de marche du petit-cheval, auquel il a fallu suppléer, plus ou moins, par la deuxième pompe alimentaire des machines, laquelle aspirait et refoulait l'eau de condensation, tandis que le petit-cheval s'alimentait au puits.

DÉPENSE D'EAU

Volume dépensé en 10 heures...................... 13.062 lit.
Température moyenne de cette eau = 21°43, soit.... 21° 1/2
Densité de l'eau à cette température (Péclet)........ 0^{kos}· 997 894
Poids de l'eau dépensée en 10 h. : 13.062 × 0.997.891. 13.034^{kos} 491
Poids d'eau dépensée à l'heure : 13.034.491 : 10..... 1.303^{kos} 419

Dans ces résultats ne figure pas l'eau des purgeurs automatiques placés sur la conduite de vapeur, laquelle est néanmoins ramenée dans la chaudière.

DÉPENSE DE CHARBON

Charbon brut brûlé en dix heures................ 1.620^{kos} »
Cendres produites par ce poids de charbon........ 239 »
Cendres produites par 100 kil. de charbon = $\frac{239}{16,2}$.. 14 750

Détermination du pouvoir calorifique utilisé du charbon employé :

Pression effective dans la chaudière (moy. des dix h.) 5^k 335
Pression absolue : 5.335 + 1.0333 6 3683
Température correspondant à cette pression (Claudel) 160° 27
Calories contenues dans un kil. de vapeur saturée, à cette température (Regnault-Claudel) :
606.5 + 0.305 × 160,27 .... 655^{cal}· 38
Calories absorbées par la vaporisation de 13.034^{kos}· 491 d'eau introduite à 21° 1,2 et sous la pression de 6^{kos} 3.683 = 13.034.491 × (655.382 — 21.5) =................ 8.262.329^{cal}·221
Calories utilisées d'un kilog. de charbon contenant 14,75 % de cendres, ci : $\frac{8.262.329.221}{1.620}$ =.. 5.100^{cal}· »
Dépense de charbon pour amener l'eau d'alimentation à la température qu'elle a dans la marche usuelle des machines :
Température moyenne de l'eau d'alimentation pendant l'essai..................................... 21°,1 2
Température habituelle de l'eau d'alimentation (eau de condensation)..... .... 29°
Calories absorbées par l'eau d'alimentation pour passer de 21°5 à 29° : 13034,491 × 7,5 =......... 97758^{cal}· 682
Dépense de houille. à 14,75 % de cendres pour produire ces calories : $\frac{97758,682}{5100}$ =........ 19^k· 168
Dépense en dix heures de houille à 14.75 % de cendres, en alimentant avec de l'eau à 29° :
1.620^k· — 19.168........................ : .... 1.600^k· 832

DÉPENSE A L'HEURE

De houille brute à 14,75 °/₀ de cendres en alimentant
avec de l'eau à 21°5 :   1.620$^{kos.}$: 10 = ..   162^k »

De même combustible en alimentant avec de l'eau à
29° (température ordinaire) : 1.600$^{kos.}$ 832 : 20..   160$^k.$ 083

De houille pure en alimentant avec de l'eau à 29°
160$^{kos.}$ 083 $\times$ (1-0,1,475) = ...   136$^k.$ 470

VAPORISATION

Eau à 21° 1/2 vaporisée par kilog. de houille brute :
13.034,491 : 1620 = ...   8$^k.$ 046

Eau à 21° 1/2 vaporisée par kilog. de houille pure :
13.034,491 : 1.361,709 = ...   9$^k.$ 551

Eau à 29° vaporisée par kilog. de houille brute :
13.034,491 : 1.600,832 = ...   8$^k.$ 142

Eau vaporisée à l'heure par mètre carré de surface
de chauffe :   1303,449 : 131,68 = ...   9$^k.$ 898

Dans cette surface de chauffe figurent les deux
bouilleurs.

*Charbon brut brûlé à l'heure par décimètre carré de
surface de grille : 162 : 309,4 = ...*   0$^k.$ 523

CONDITIONS DU MOTEUR

DEUX MACHINES ACCOUPLÉES

Diamètre des pistons à vapeur..................................... 0^m,604
Course des pistons   id. .... 1^m,200
Diamètre des tiges de pistons à vapeur..................... 0^m,070

OBSERVATIONS FAITES VERS LE MOTEUR
PENDANT L'ESSAI

HEURES	Numéros du compteur	Moyenne nombre de tours	Pression dans les boîtes à vapeur		Pression à la chaudière	Vide aux indicateurs à Mercure		Admissions lues sur les tiges de détente		OBSERVATIONS
			Machine de gauche	Machine de droite		Machine de gauche	Machine de droite	Machine de gauche	Machine de droite	
7h	4732	....	5^k,020	5^k,250	5^k,200	0^m,666	0^m,660	0,12	0,11 fort	
		4057								
8	7166	....	5 ,395	5 ,625	5 ,600	0 ,668	0 ,658	0,10 fort	0,10	
		4033								
9	9586	...	5 ,145	5 ,375	5 ,300	0 ,668	0 ,661	0,11	0,10	
		4027								
10	12002	....	5 ,200	5 ,400	5 ,350	0 ,668	0 ,660	0,11	0,10	
		4032						faibles		
11	14421	...	5 ,200	5 ,400	5 ,400	0 ,668	0 ,660	0,11	0,10	
		4037								
12	16843	....	5 ,395	5 ,625	5 ,400	0 ,668	0 ,658	0,10	0,10	
		4022								
1	19256	....	5 ,270	5 ,500	5 ,400	0 ,669	0 ,660	0,10	0,10	
		4055								
2	21677	....	5 ,270	5 ,375	5 ,300	0 ,668	0 ,659	0,10 fort	0,10	
		4032								
3	24096	....	5 ,100	5 ,350	5 ,200	0 ,668	0 ,660	0,11	0,11	
		4042								
4	26521	.. .	4 ,895	5 ,125	4 ,950	0 ,668	0 ,660	0,13	0,10 fort	
		4018								
5	28032	....	5 ,145	5 ,375	5 ,350	0 ,668	0 ,658	0,10 fort	0,11 fort	

OBSERVATIONS :

L'admission de 0.10 correspond en réalité à :

Machine de gauche		Machine de droite	
avant	arrière	avant	arrière
0,108	0,123	0,1066	0,113

L'admission de 0.15 correspond en réalité à :

Machine de gauche		Machine de droite	
avant	arrière	avant	arrière
0,164	0,1685	0,186	0,178

Le contrôle de ces admissions ayant été fait à froid, peut ne pas être rigoureusement vrai.

Durée de l'expérience..................................... 10 heures
Nombre total des tours : 28.932 — 4.732.............. 24.200
Nombre moyen de tours à la 1′ $\dfrac{24200}{10 \times 60}$.............. 40 t. 33

Les pressions indiquées dans les boîtes à vapeur sont les vraies.
Déduction a été faite de l'avance des manomètres, qui a été reconnue
de 0 kil. 730 pour la machine de gauche, et de 0 kil. 500 pour celle
de droite. Néanmoins, les indications du manomètre de droite sont
encore au-dessus de la vérité.

ESSAI AU FREIN

Le frein est monté sur l'arbre de transmission actionné directe
ment par le volant.

Rapport du volant à son pignon.................. 2

Poids de la barre de frein pesée, après l'essai, au point
de suspension des poids..................... 73^{kos}

Poids suspendu à cette extrémité............... 165

Poids total............................. 238^{kos}

Longueur du levier de frein.................. 6^m 455

Nombre de tours de la poulie : 40.333 $\times$ 2.......... 80 666

Travail du frein en kilogrammètres par seconde :

$$\frac{238 \times 2 \times 3,1416 \times 6,455 \times 80,666}{60} = \dots \qquad 12.977^{km}569$$

Travail du frein en chevaux par seconde $\dfrac{12.977\,569}{75} = \dots \qquad 173^{chx}034$

Nota. — La tige de suspension des poids était articulée dans le plan vertical du levier.

Le point d'oscillation du levier était l'arbre lui-même.

Ces deux dispositions suppriment toute variation dans le travail du frein et toute chance d'erreur dans son évaluation.

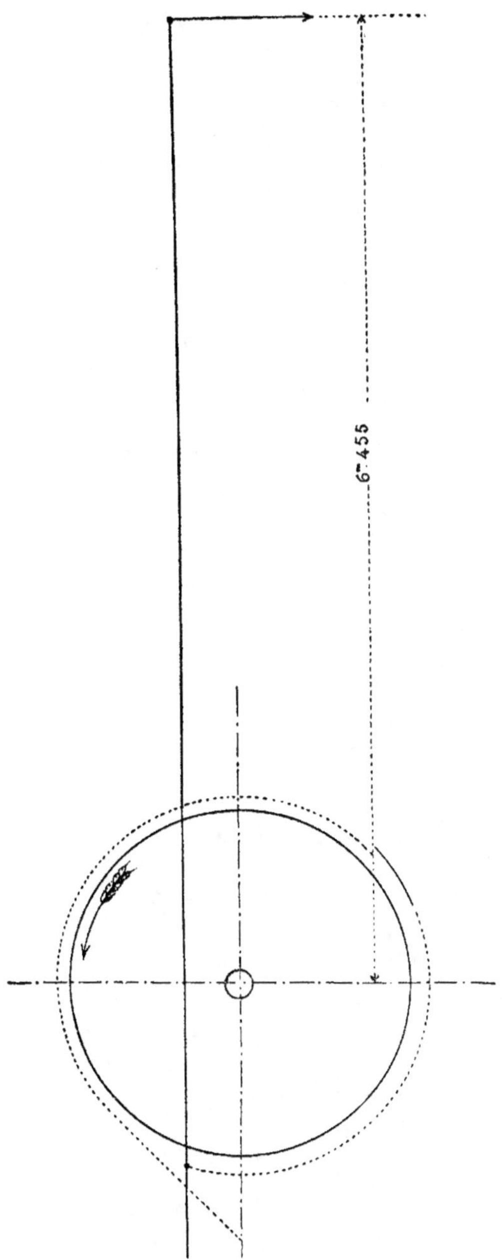
6ᵐ·455

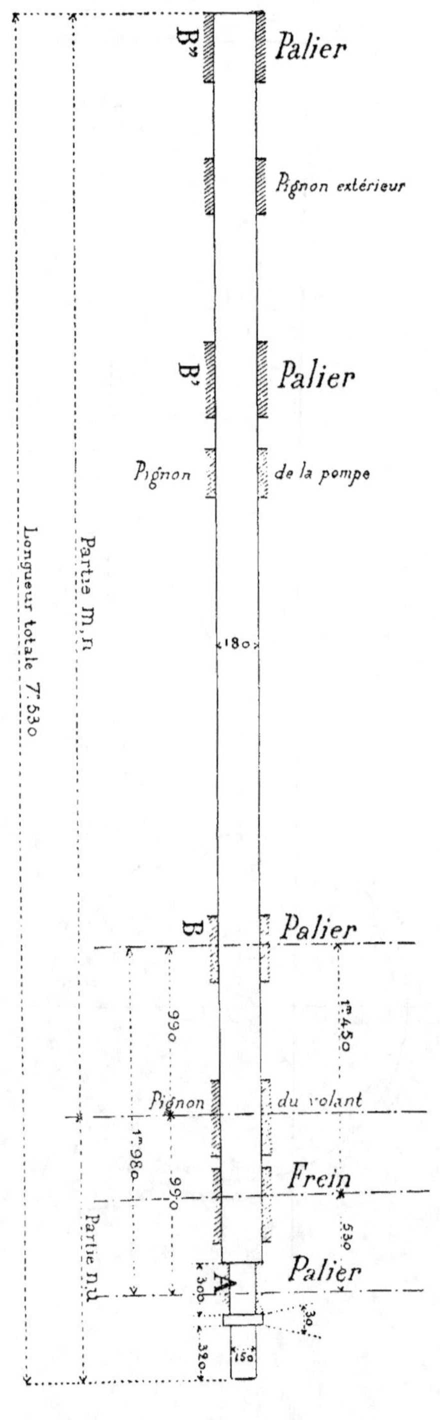
B»
Palier
Pignon extérieur
B'
Palier
Pignon
de la pompe
180
Longueur totale 7.530
Partie m,n
B
Palier
990
1.450
Pignon
du volant
1.980
990
Frein
530
Partie n,o
300
A
Palier
30
320
150

NOMENCLATURE DES POIDS SUR LES PALIERS

Poulie de frein avec boulons, clavette et goussets rivés .... 1.550^{kos}

Bandage, sabots, mouvement de serrage et supports.................................... 204 »

Barre : fer à T, boulons et entretoises.. ..... 348 »

— levier en bois......................... 241 730

Enveloppes tôles (sur le levier) entourant la poulie .... 50 »

Tige de suspension des poids, articulation et rondelles 20 270

Charge du frein pendant l'expérience......... 165 »

Poids total du frein........................ 2.579^{kos} 2.579^k »

Pignon du volant avec boulons et clavette............. 3.780 »

Pignon commandant la pompe et clavette............. 101 500

Pignon extérieur avec boulons et clavette............. 3.745 »

Clavette fixe dudit................................... 13 »

Arbre de transmission................................ 1.419 »

RÉPARTITION SUR LES PALIERS
DES CHARGES CI-AVANT

	POIDS SUR LES PALIERS B B' B"		POIDS SUR LE PALIER A	
Frein	$\dfrac{2579 \times 0,530}{1980} =$	690 ,338	$\dfrac{2579 \times 1450}{1980} =$	1.888 ,662
Pignon du volant. . .	3.780 : 2 . . .	1.890 »	3.780 : 2 . . .	1.890 , »
Pignon de la pompe. . .	. . . .	101, 500	. . . . . .	» »
Pignon extérieur. . .	. . . .	3.745 »	. . . . . .	» »
Clavette fixe	. . . .	13 »	. . . . . .	» »
Arbre	partie *m*, *n* . .	1.467, 933	partie *n*, *u* . .	251 ,067
Poids total.	. . . . . .	7.607ᵏ 771	. . . . . .	4.029ᵏ 729

EFFORT SUR LA DENT DU VOLANT ET SES COMPOSANTES

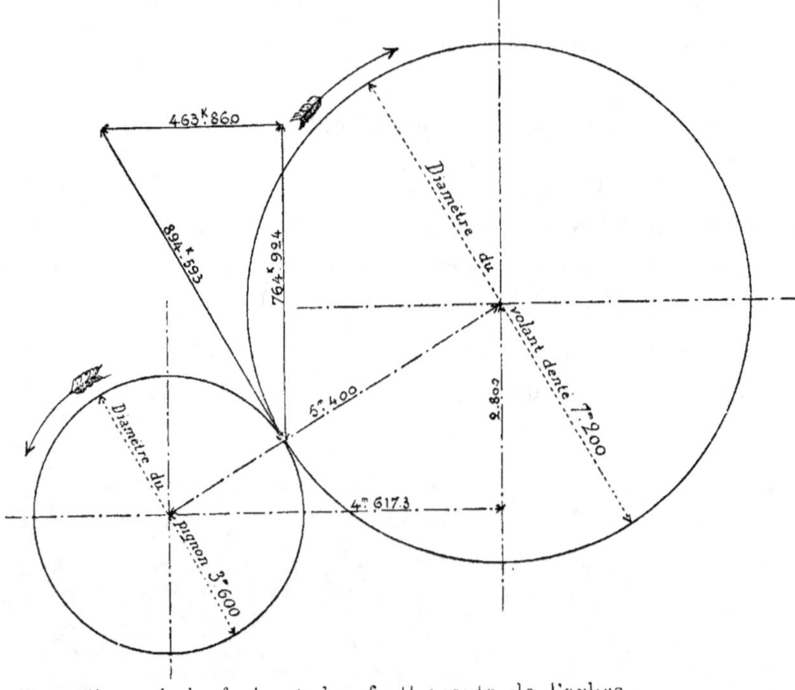

Travail total du frein et des frottements de l'arbre
(V. ci-après 13602ᵏᵐ,475
Diamètre du contact du volant. 7ᵐ, 200
Vitesse correspondante : $\dfrac{3.1416 \times 7,200 \times 40^{\cdot}33}{60} =$ 15ᵐ, 20522
Effort sur la dent : $\dfrac{13602.573}{15.20524} =$ 891ᵏ, 593
Composante verticale du dit : $\dfrac{891.593 \times 5.673}{5.400}$ 761ᵏ, 924
id. horizontale du dit : $\dfrac{891.593 \times 2800}{5.400} =$ 463ᵏ, 860

GES & TRAVAIL DE FROTTEMENT PENDANT LA MARCHE

	SUR LES PALIERS B, B', B''		SUR LE PALIER A	
	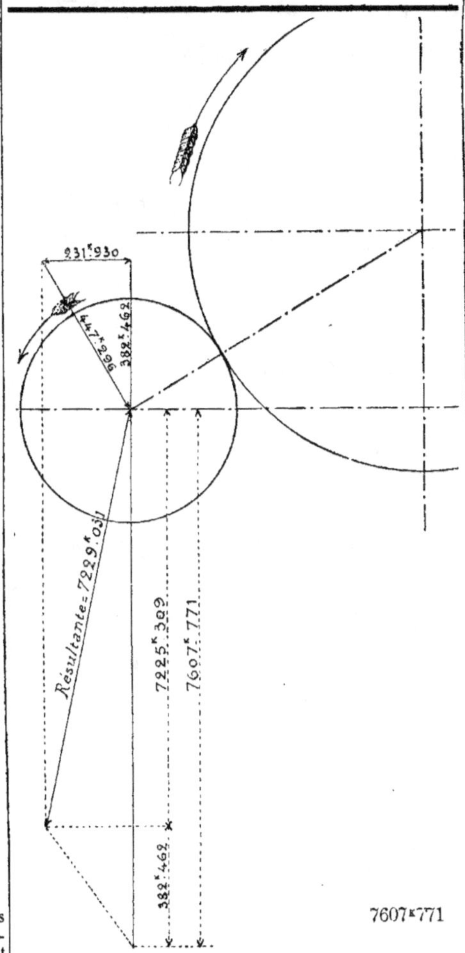		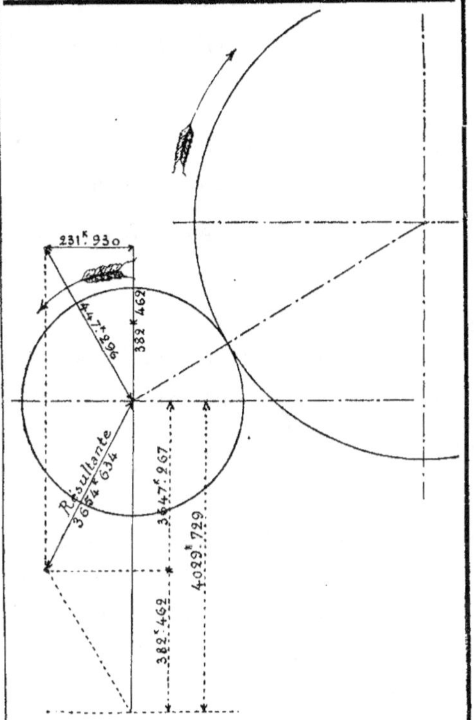	
repos s ver- 'effort	. . . .	7607k771	. . . .	4029k729
. . . . .	764.924 : 2=	382 462	764,924 : 2=	382 462
ortica- arche,	. . . .	7225k309	. . . .	3647k267
rizon- arche,	463.860 : 2=	231 930	463.860 : 2=	231 930
de ces ts.....	$\sqrt{7225{,}309^2+231{,}930^2}$ = ...	7229k031	$\sqrt{3647{,}267^2+231{,}930^2}$ = ...	3654k634
des	. . . .	0m180m/m	. . . .	0m150m/m
couru confé-	$\frac{3.1416 \times 0.180 \times 80{,}666}{60}$ = ...	0m76026	$\frac{3{,}1416 \times 0{,}150 \times 80{,}666}{60}$ = ...	0m63355
de , fer	. . . .	0,08	. . . .	0,08
rotte-	7229.031 × 0,08 × 0.76026 = . . .	439km675	3654,631 + 0,08 + 0,63355 = . . .	185km231

avail total par seconde absorbé par le frottement des tourillons = 439,675 + 185,231 = 624km906

TRAVAIL ABSORBÉ PAR LE FROTTEMENT DES DENTS DU VOLANT SUR CELLES DU PIGNON

$$Tm = Tu \times f \times \pi \times \left(\tfrac{1}{m} + \tfrac{1}{m'}\right)$$

Tu, Travail développé par l'arbre de transmission :

12,977,569 + 624.906 .... 13.602^{km},475

(1) f, Coefficient de frottement pour dents fonte sur bois   0, 15

m, nombre de dents du volant.................... 360   »

m',   —   du pignon.................... 180   »

Tm, travail absorbé par le frottement des dents en kilogrammètres par seconde :

13.602, 475 $\times$ 015, + 13,1416 $\times \left(\tfrac{1}{360} \times \tfrac{1}{180}\right) =$ .... 53^{km},41

TRAVAIL TOTAL DÉVELOPPÉ PAR L'ARBRE DU VOLANT

En kilogrammètres : 13,602,475 + 53,417 = ... 13,655^{km}, 892

En chevaux $\dfrac{13655,892}{75} =$ .... 182^{ch},078

(1) La denture sorbier du volant, au lieu de lubrification ordinaire, était constamment mouillée par l'eau du frein.

ESSAIS A L'INDICATEUR DE WATT

RELEVÉ DES DIAGRAMMES

MACHINE DE GAUCHE

| AVANT | | | | | ARRIÈRE | | | | |
HEURES	Pressions dans la boîte à vapeur	Vide dans le condenseur	Effort moyen des diagrammes	Moyenne de ces efforts	HEURES	Pressions dans la boîte à vapeur	Vide dans le condenseur	Effort moyen des diagrammes	Moyenne de ces efforts
10h35'	5k ,270	0m ,668	15m/m20	. . . . .	8h 11'	5k ,145	0m ,668	16m/m12	. . . . .
10 .37	5 ,200	0 ,668	15 ,30	. . . . .	8 ,56	5 ,020	0 ,668	17 ,10	. . . . .
10 ,40	5 ,145	0 ,668	15 ,32	. . . . .	8 ,58	5 ,020	0 ,668	16 ,57	. . . . .
10 ,42	5 ,100	0 ,668	15 ,02	. . . . .	9 .1	5 ,145	0 ,668	16 ,50	. . . . .
10 ,45	5 ,145	0 ,668	15 ,15	. . . . .	9 .5	5 ,200	0 ,668	16 ,32	. . . . .
10 ,48	5 ,145	0 ,668	15 ,72	. . . . .	9 ,8	5 ,200	0 ,668	16 ,10	. . . . .
10 ,50	5 ,145	0 ,668	15 ,50	15m/m175	9 .46	5 ,020	0 ,668	16 ,47	16m/m567
1 ,9	5 ,200	0 ,668	14 ,75	. . . . .	2 .33	5 ,145	0 ,668	16 ,80	. . . . .
1 .12	5 ,270	0 ,668	15 ,07	. . . . .	2 .39	5 ,020	0 ,668	16 ,62	. . . . .
1 ,15	5 ,27.	0 ,668	15 ,17	. . . . .	2 .43	5 ,145	0 ,668	16 ,92	. . . . .
1 ,18	5 ,320	0 ,668	15 ,»	. . . . .	2 ,45	5 ,270	0 ,668	16 ,85	. . . . .
1 ,21	5 ,270	0 ,669	14 ,90	. . . . .	2 ,55	5 ,375	0 ,668	16 ,35	. . . . .
. . . . .	. . . . .	. . . . .	. . . . .	. . . . .	3 ,12	5 ,526	0 ,668	16 ,65	. . . . .

MACHINE DE DROITE

| AVANT | | | | | ARRIÈRE | | | | |
HEURES	Pressions dans la boîte à vapeur	Vide dans le condenseur	Effort moyen des diagrammes	Moyenne de ces efforts	HEURES	Pression dans la boîte à vapeur	Vide dans le condenseur	Effort moyen des diagrammes	Moyenne de ces efforts
9h 21'	5k ,375	0m ,660	14m/m27	. . . . .	8h »	5k ,625	0m ,658	14m/m60	. . . . .
9 ,24	5 ,375	0 ,660	14 ,37	. . . . .	8 ,21	5 ,375	0 ,660	14 ,50	. . . . .
9 ,48	5 ,420	0 ,660	14 ,15	. . . . .	8 ,25	5 ,420	0 ,660	14 ,50	. . . . .
10 ,»	5 ,420	0 ,660	14 ,40	. . . . .	8 ,28	5 ,500	0 ,660	14 ,20	. . . . .
10 ,3	5 ,500	0 ,660	14 ,27	. . . . .	8 ,30	5 ,420	0 ,660	14 ,42	. . . . .
10 ,18	5 ,350	0 ,660	14 ,42	. . . . .	8 ,34	5 ,420	0 ,660	14 ,60	. . . . .
10 ,57	5 ,420	0 ,660	14 ,15	14m/m653	8 ,36	5 ,420	0 ,660	14 ,42	14m/m528
1 ,37	5 ,200	0 ,658	15 ,37	. . . . .	2 ,18	5 ,500	0 ,660	14 ,52	. . . . .
1 ,41	5 ,250	0 ,658	15 ,20	. . . . .	2 ,19	5 ,500	0 ,660	14 ,55	. . . . .
1 ,43	5 ,250	0 ,658	15 ,20	. . . . .	2 ,21	5 ,500	0 ,659	14 ,76	. . . . .
1 ,47	5 ,250	0 ,658	14 ,82	. . . . .	2 ,23	5 ,375	0 ,659	14 ,67	. . . . .
1 ,51	5 ,375	0 ,657	15 ,22	. . . . .	2 ,27	5 ,300	0 ,659	14 ,60	. . . . .
. . . . .	. . . . .	. . . . .	. . . . .	. . . . .	. . . . .	. . . . .	. . . . .	. . . . .	. . . . .

Effort moyen pour l'avant des deux machines : $\dfrac{15,175 + 14,653}{2} =$ 11m/m914

—   —   l'arrière   — $\dfrac{16,567 + 14,528}{2} =$ 15, 547

Echelle des pressions, lue sur le ressort par kilogramme 9, 60

—   —   donnée par le contrôle d'un manomètre vérifié. 9, 30

NOTA. — Le ressort de l'indicateur a été fourni par M. BOUR, ingénieur.

TRAVAIL DE LA VAPEUR SUR LES PISTONS

Diamètre des pistons à vapeur........ ....   0ᵐ 604
Section   —   ....   2.865^{cm2} 26
Diamètre des tiges de piston.....................   0ᵐ 070
Section   —   —   ....   38^{cm2} 48
Section du piston soumise à la vapeur, à l'avant :
    2.865,26 — 38,48 =.....................   2.826^{cm2} 78
Course des pistons... ....   1ᵐ 200
Nombre de tours.............................   40 333
Vitesse linéaire des pistons : $\dfrac{1^m200 \times 40.333 \times 2}{60}$ = ...   1ᵐ 613

	D'APRÈS LE RESSORT	D'APRÈS SON CONTRÔLE
Travail sur les deux pistons, coup d'avant : 2.826,78 × 1,613 × 14,914 : (9,6 ou 9,3)....	7084^{km}.928	7313^{km},474
Travail sur les deux pistons, coup d'arrière : 2.865,26 × 1,613 × 15.547 : (9,6 ou 9,3)....	7486 ,173	7727 ,663
Travail total sur les deux pistons en kilogrammètres..........................	14,571^{km},101	15,041^{km},137
Travail total sur les deux pistons en chevaux..........................	194^{ch},28	200^{ch},55

RENDEMENT DES MACHINES

D'après l'échelle du ressort : $\dfrac{13\ 655,892}{14.571,101}$ = ...   0,937
D'après le contrôle du manomètre : $\dfrac{13.655\ 892}{15.041,137}$ 0,908

NoTA. — La différence donnée par l'échelle du ressort et le contrôle du manomètre n'altère nullement les résultats suivants. relatifs à la dépense par cheval, mesuré sur l'arbre.

DÉPENSE DE VAPEUR

Eau dépensée par heure (V. ci-devant)................... 1303^k 449

Vapeur dépensée par heure et par cheval mesuré sur le
piston : ci : 1.303.449 : 200.55 =..................... 6^k 500

Vapeur dépensée par heure et par cheval mesuré sur
l'arbre du volant 1.303,449 : 182.078 =............ 7^k 159

DÉPENSE DE HOUILLE BRUTE

Contenant 14.75 % de cendres

Houille brute dépensée à l'heure (voir ci-avant)......... 160^k 083

—   —   et par cheval mesuré sur
le piston : 160.083 : 200.55 =...................... 0 798

Houille brute dépensée par heure et par cheval mesuré
sur l'arbre du volant : 160,083 : 182.078 =........... 0 879

DÉPENSE DE CHARBON PUR

Charbon pur dépensé à l'heure (voir ci-avant).......... 136^k 470

—   —   et par cheval mesuré sur
le piston : 136^{k}470 : 200,55 =...................... 0^k 680

Charbon pur dépensé par heure et par cheval mesuré sur
l'arbre du volant ; 136^k, 470 : 182,078 .... 0^k 749,5

OBSERVATIONS

Dans ces résultats, il n'a pas été tenu compte :

1° Du travail supplémentaire développé par la seconde pompe alimentaire des machines, laquelle, suppléant aux irrégularités du petit-cheval, refoulait son eau au 5° étage, dans le réservoir desservant le frein.

2° De la trop grande longueur de conduite de vapeur laquelle, quoique enveloppée de feutre perdait évidemment du calorique.

3° De la partie de cette même conduite (2^m,645 de longueur) constamment mouillée par l'eau du frein malgré les précautions prises.

Vu et certifié sincère,

Signé : VACHON Père, Fils et Cie.